O espelho virtual

Fernando Amaral
da Silveira

🔍 O espelho virtual

Agradeço à Rose, à Cecília Soares e à Ana Flávia
pela leitura e pelas sugestões atenciosas
Dedico à Rose pela presença, sempre

Sumário

O espelho virtual   ...9
O encontro   ...10
A lâmpada   ...11
E quando   ...12
Um tempo   ...13
A pipa   ...14
Significados   ...15
Cada dia...   ...16
Sinais de fumaça   ...17
Equilibrar-se   ...18
O silêncio   ...19
Ouvir   ...20
Bate-papo   ...21
Buraco negro   ...22
Ainda os sinais de fumaça   ...23
Dançar o tango   ...24
Perdeu-se   ...25
Tempo   ...26
A sós   ...27
Ainda o espelho virtual   ...28
Sincero   ...29
Semeando   ...30
Calar-se   ...31

De tanto carinho ...32
Mundo ...33
Ai... ...34
Rede ...35
A brisa ...36
Explosão ...37
No escuro ...38
O ar ...39
A voz ...40
Penso ...41
Embate ...42
Pior ...43
O vácuo ...44
Palavras ...45
Estrela ...46
Falar do quê? ...47
Alegria ...48
Prisão ...49
Espero ...50
Existo? ...51
Ainda o espelho ...52
Partida ...53
Leva ...54
Se queres meu coração ...55
Revelação 56

Aos loucos, gênios e esquisitos de toda sorte ...57
Foi como ...58
Poemundo para vivamar ...59
O nada ...60
O jogo ...61
Imagem ...62
Amanhecer ...63
Espaço ...64
Fechadura ...65
Coisa ...66
Do que jamais se desejou ...67
Espaços ...68
Faces ...69
Retorno ...70
Na noite ...72

O espelho virtual

E quando o espelho vira rio
e escorre
da moldura e nos carrega?
E quando nosso reflexo,
distorcido na turbulência,
confunde-se
com nosso eu e se mostra?
(não a nós, mas aos que não vemos)
E quando nossa alma,
vagando por trás desse espelho,
enlaça os que passam e carrega-os conosco?
(para onde supúnhamos estar a sós)

O encontro

Visto a melhor roupa;
perfumo meus sentimentos;
ponho uma flor na lapela;
saio e me lembro:
Esqueci-me de marcar um encontro...

A lâmpada

Em torno da lâmpada, circula
o inseto:
voa, bate, cai...
E ela nada lhe diz;
ignora-o,
muda e distante.
Se de longe o trouxe para si,
por que ao menos
a lâmpada não lhe sorri?

🔍 E quando

E quando mais me incita o dever,
a obsessão de escrever,
cai-me na mão um bom poeta
e sinto que nada tenho a dizer.
Nada há que ainda não se tenha dito
melhor do que eu poderia escrever...

 **Um tempo**

Houve um tempo em que os gatos faziam das
[tripas coração:
O tempo em que das tripas dos gatos se fazia
[corda de violão...

A pipa

Quando a pipa se lança ao ar
e, olhando o sol e as nuvens,
se deixa levar pelo vento,
saberá quanta linha há?
Saberá onde haverá de parar?

Significados

♥(Amor)
♥(Te amo)
♥(Amo)
♥(Amei)
O que queres me dizer?

🔍 **Cada dia...**

Mais um dia.
Um dia mais longe do início,
um dia mais perto do fim.
Para o bem e para o mal.

🔍 **Sinais de fumaça**

As nuvens!
Não são nuvens?
Sinais de fumaça
acenando,
chamando,
avisando, talvez.
De tão longe...
Talvez cantem pra mim...
Por que as nuvens não falam?

Equilibrar-se

Desejar mais, sem querer;
equilibrar-se entre a luz e a sombra.
Arriscar-se por nada,
por tudo.
Buscar o que não se sabe,
provar de tudo um pouco
e sair sem jantar...

🔍 **O silêncio**

Silêncio...
...
...
...
O silêncio.
Princípio, meio e fim.
Fim.

Ouvir

O silêncio me deixa,
às vezes, um pouco frustrado...
Mas, sendo ele a melhor resposta,
é ele que quero ouvir...

Q **Bate-papo**

Bate-papo
Bate
Papo
Alô, alô?
Bato
Toc, toc, toc...
Mas o papo não vem.

🔍 **Buraco negro**

Chuva...
E o buraco negro que há
dentro de mim consome o todo
e o dia se inicia vazio.
De tudo.

Ainda os sinais de fumaça

Sinais de fumaça no horizonte:
Uma nuvem pequena;
uma nuvem grande;
outra nuvem grande...
Intervalo...
Outra nuvenzinha pequena...

Entendi...
Pode ser qualquer coisa;
posso até me iludir!

Dançar o tango

Dançar o tango:
levantar a cabeça e afirmar-se,
desafiar o mundo –
entregar-se.
Aproximar-se para matar,
olhar nos olhos
e se entregar –
talvez à morte,
por paixão.
Abraçar, agarrar-se;
jogar-se, cair,
levantar-se e investir –
de novo.
Dançar o tango:
implorar,
negar o perdão e sofrer.
Enovelar-se no inimigo,
afastar-se, fugir
e voltar correndo;
jogar-se no precipício
para ser salvo por um abraço...

Dançar o tango...
Eu não sobreviveria...

Perdeu-se

Alguma coisa foi desligada.
Alguma coisa mudou...
O ruído em volta,
a luz, a emoção...
Terei sido eu?
Perdeu-se a sintonia?
Saturou-se de razão o sentimento?

🔍 **Tempo**

E se o tempo me pede passagem,
fazer o quê?
Haverá uma porta
que o impeça de passar?

A sós

Um a um,
todos se foram e só restamos nós,
de novo.
Nós que nos evitávamos;
que não queríamos nos ver,
nos falar.
Nós que não sabíamos quem éramos,
e só queríamos ficar a sós.
Eu comigo mesmo...

Ainda o espelho virtual

Em frente a este espelho,
grito,
reviro-me do avesso:
ofereço minha carne,
retalho minha alma.
Aqui,
rio,
gargalho,
exibo-me como gostaria de ser;
revelo-me como realmente sou.

 **Sincero**

Se algum dia eu me distrair
e te chamar de meu amor,
não liga não...
Terá sido sincero.

Semeando

Caminhamos.
Ficam os rastros,
sementes de nossa alma
ao vento.
Descuidados,
não notamos
quando germinamos
em almas alheias...

🔍 **Calar-se**

Calar-se, fechar-se...
Esconder-se atrás da porta;
ouvir...
Talvez sentir
e não responder
(ao medo?)

De tanto carinho

De tanto carinho e amor,
acaba-se por matar a flor.
Cuidado comigo:
antes d'eu te abafar,
pede pra respirar!

 **Mundo**

Estranho mundo,
este:
notam-se os amigos
não por sorriso ou palavra,
mas por sinais
eletrônicos...
E se eu precisar de um abraço?

Ai...

Ai do eco,
que espera solitário,
escondido,
não se sabe onde.

Ai do eco:
mudo
até que um grito o encontre
e lhe arranque as emoções.

Ai do eco,
ai do ego,
ai de mim...

Satânica rede,
esta:
que une pessoas
paridas tão distantes,
talvez pra não terem de se encontrar...

🔍 **A brisa**

"Eu espero...",
sopra a brisa.
A brisa sopra, sussurra:
"Eu espero..."
E sopra folhas secas,
poeira, tempo;
e tudo a brisa sopra sobre mim.
"Eu espero...",
continua ela a soprar...

Explosão

Há quando
a alma não caiba no corpo,
sentimentos fervam
e a mente não consiga entender –
conter.

Há quando
só a explosão
que espalhe estilhaços da alma –
só uma explosão –
pareça remédio pra nossa aflição.

No escuro

Levo um pé adiante,
com cuidado.
Piso de leve,
pergunto ao chão:
— Você reagirá ao meu peso?
— Sustentará minha presença?
E o chão responde
com o silêncio da indiferença.
Temo que ele me deixe no vácuo,
abandonado.
Então, retiro o pé,
procuro outro caminho...

Falta-me o ar.

A voz

O coração tem sempre razão?
É Deus, por acaso,
falando dentro de nós?
Então por que tantos se perdem
seguindo sua voz?

Quantos de nós?

Penso

Penso em ti.
Penso,
logo existes...
Tu existes!
Eu... talvez;
existimos nós?

Embate

Há o que só faz sentido
quando sentido.
Explicá-lo
rouba-lhe o nexo,
torna-o vulgar.
Como sobreviver
ao choque de tais verdades?

 **Pior**

Quando você diz "não",
o que quer mesmo dizer?
Não!
Não...
Não?
Quando você diz "volto",
o que quer mesmo dizer?
Já?
Amanhã?
Nunca mais?

Pior é quando você nada diz...

O vácuo

O vácuo...
Silêncio...
Absoluto.
Tente imaginar...
Por onde seguir?

 **Palavras**

Palavras não ouvidas por quem as inspira:
de que vale gritá-las ao vento?

Estrela

E aquela estrela à minha janela?
Parece dizer-me algo
que não entendo...
Tento tocá-la,
trazê-la pra mais perto...
Não a alcanço...

Falar do quê?

Por que falar de folhas,
brisas e estrelas?
Porque as pessoas
são sopradas como folhas;
passam como brisas;
brilham como estrelas...

Alegria

E, sobretudo, tenho a alegria.
Alegria da tristeza
das existências,
tristeza de todas as perdas:
evidências
do quanto tem-me dado a vida.

 **Prisão**

Pode haver prisão pior?
Eu,
metade dentro de mim,
metade fora de ti?

🔍 **Espero**

Por que espero?
Espero porque tenho esperança...

Existo?

Estão todos surdos?
Cegos?
Estarei mudo?

Por que chamo,
aceno,
sorrio,
e ninguém ouve,
ninguém responde?

Ainda o espelho

Uma parede;
uma parede de vidro
fosco,
indiferente...
Do outro lado,
faces borradas,
sorrisos embaçados
lançados ao espelho.

De tudo o que se pense,
do que se sinta,
do que se diga
aqui,
apenas murmúrios
borrados,
embaçados,
alcançam o outro lado.

Não se conversa
senão consigo mesmo...

Partida

E assim restamos:
um no vagão;
o outro
deixado na estação.

De lados distintos
de janelas em movimento,
quem está fora?
Quem está dentro?

E, patéticos, fazemos
sinais que não entendemos.

Assim restamos:
apenas nos olhares há vida,
mas os olhos não se veem
e tudo o que resta é a partida.

Leva

Escuta meu agradecimento
e a confissão de minhas culpas,
leva minha alegria
e meu pedido de desculpas.

Toma o melhor de mim,
carrega em tua mão;
abraça-me,
leva-me junto do teu coração.

🔍 **Se queres meu coração**

Pra saberes onde andei,
consulta
o barro de minhas botas;
pra saberes o que vi,
percorre
as voltas de meus caminhos;
pra sentires o que senti,
costura,
em teu peito, meu coração.
Contudo, ao tomá-lo,
cuidado:
Não sucumbas às minhas dores!

Revelação

Os demônios,
em verdade vos digo,
são os hormônios.

Aos loucos, gênios e esquisitos de toda sorte

Fique aqui minha homenagem,
meu obrigado
aos que têm olhos de ver
o que ninguém mais vê;
aos que fazem dos olhos
janelas que mostram
caminhos a percorrer.

Foi como

Foi como a estrada do Gil,
que ao chegar não dá em nada:
cheguei e você não estava.
Foi como chegar a lugar nenhum;
voltar pra onde eu já estava.

Poemundo para vivamar

Buscanseio por umtodo
poemundo pra vivamar.
Vivoar vidasonhos,
trilhamar serraminhos
linsolarados, claraltos,
acariciamado pela brisamor
— ventosonhos a me levoar.

O nada

Como seria o tudo,
o todo espaço infinito,
se nada fosse?

Como certas horas
decerto seria;
horas vazias da vida,
que nada têm
e nada cabem.

O jogo

Começa o jogo.
Começa por si mesmo,
de novo,
sem que eu saiba como
ou por quê.
Assim, sem perceber,
sou envolvido na trama:
o jogo sem fim,
do andar à beira do precipício,
sem cair,
sem sofrer
e sem ferir.

Imagem

A imagem corre
e ofusca o vício –
cora, cora!
E se esvai
sem deixar resquício.

🔍 **Amanhecer**

E eis que amanhece!
O sol, a serra, a terra...
Fecham-se os olhos,
mas ainda
assim amanhece.
Há luz...

Espaço

Quatro paredes nuas.
Quatro paredes nuas se fitam.

Quatro paredes nuas...

Fechadura

Uma luz na fechadura.
Está claro lá fora.
Pela fechadura, uma luz.
Que importa a direção?

Escuro aqui.
Fora ou dentro,
sair ou entrar?

Quero luz!
E ar fresco...
Por favor.

Coisa

Coisa louca
essa.
Meio besta,
meio boba.

Estranho...
assim, dessa forma:
sem forma,
sem sabor!

É,
não sei.
Coisa louca...

Do que jamais se desejou

De tudo o que jamais foi
ou que jamais se imaginou,
ou,
acima de tudo,
se desejou que existisse;
de tudo,
tudo o que houve,
há ou haverá;
de tudo,
tudo – o todo –
O que restou?

🔍 Espaços

Entre todos os espaços vazios,
qual faz o ser
solitário sentir-se mais só?

Faces

Uma face se mostra ao sol;
A outra, furtiva, oculta-se na sombra.
Quem sou –
carne ou éter?
E, mesmo ao fim,
continua
a busca...

Retorno

De novo o papel em branco...
De novo, ele me olha,
mudo.

Procuro um espelho,
um espelho que me diga quem sou,
um espelho que revele
e mate
minhas dores...

E encontro o papel
mudo, surdo...

Busco os sentidos,
os sentimentos,
a razão...

E encontro o papel
Mudo, surdo, inócuo...

Não há luz
que se possa refletir,
imprimir,
revelar.

Só há o papel em branco,
mudo, surdo, inócuo, frio.

🔍 **Na noite**

Aqui é a noite,
é o escuro,
sem lua, sem estrelas.
Mas do outro lado do mundo
é dia, há sol.

Aqui é a morte,
minha morte
e a morte dos meus amigos e irmãos,
dos que caminharam comigo.

Aqui nos matamos,
matamos a vida
e ela, tudo, morre.

Mas longe,
debaixo da terra,
na escuridão
onde se enterra a morte,
lá,
lá se guardam
as sementes.

© Crivo Editorial,11/2019
© Fernando Amaral da Silveira, 11/2019

Edição: Haley Caldas e Lucas Maroca de Castro
Ilustrações e capa: Lila Bittencourt
Projeto gráfico: Haley Caldas
Revisão e leitura sensível: Amanda Bruno de Mello

Dados Internacionais de Catalogação na
Publicação (CIP) de acordo com ISBD
••
S587e Silveira, Fernando Amaral da

    Espelho Virtual / Fernando Amaral da Silveira.
    - Belo Horizonte: Crivo Editorial, 2019.
    76 p. ; 14cm x 21cm.

    Inclui índice.
    ISBN: 978-65-5043-014-6
    1. Literatura Brasileira. 2. Poesia. I. Título.

2019-
1905   CDD 869.1
        CDU 821.134.3(81)-1
••
Elaborado por Vagner Rodolfo da Silva - CRB-8/9410
Índice para catálogo sistemático:
1. Literatura Brasileira : Poesia 869.1
2. Literatura Brasileira : Poesia 821.134.3(81)-1

"Revisado segundo o novo Acordo Ortográfico da Língua Portuguesa (Decreto Legislativo n°54, de 1995)"

Crivo Editorial
Rua Fernandes Tourinho, 602, sala 502
30.112-000 - Funcionários - Belo Horizonte - MG

www.crivoeditorial.com.br
contato@crivoeditorial.com.br
facebook.com/crivoeditorial
instagram.com/crivoeditorial
https://crivo-editorial.lojaintegrada.com.br/